Escondite De Mi Alma

Lacuhe Ediciones

Gaby Cruz

authorHOUSE®

AuthorHouse™
1663 Liberty Drive
Bloomington, IN 47403
www.authorhouse.com
Phone: 1 (800) 839-8640

Diagramación y diseño por Yorman Mejías
Interior and cover design by Yorman Mejías
Foto de portada por Gabriela Kossakoski

Published by AuthorHouse 12/18/2018

ISBN: 978-1-5462-7235-9 (sc)
ISBN: 978-1-5462-7234-2 (e)

Print information available on the last page.

This book is printed on acid-free paper.

Dedicatoria

A mi maestro y guía Marino García quien en el séptimo grado de la intermedia en el año 1968 en la escuela Manuel Aybar me enseñó el arte de escribir poemas.

A mi esposo Richard por su paciencia y amor incondicional.

Agradecimientos

A mi amigo Ariel quien hizo posible mi viaje a encontrarme con la poetisa Gladys Montolío
y el distinguido joven Yorman Mejías, quienes
han hecho que esta publicación se convierta en una realidad.

GabyCruz

Al Llegar La Primavera

Gélida brisa...
implacable bisturí calando huesos,
que al existir tortura...
grisáceo atardecer desventurado,
corazón enamorado,
en soledad preso...
extraviado en el dormir de la natura.

Letargo de interminable noche,
que va muriendo,
y a la vida abrazas
creador de refrigeradas escarchas,
que al amanecer el sol derrite,
y al atardecer con frío de nuevo atrapas.

Lento pasa
tiempo de largas horas,
donde todo duerme y muere, adormecen las pasiones,
se tibian los corazones,
acurrucados en sábanas soñadoras.

Acaece el crepúsculo,
brisa tibia con albricias de alegría
preparando de esperanza,
con destellos de color el nuevo día.

Magia toca las semillas guardadas del pasado otoño,
everdecen en colores las praderas,
germinando los retoños,
los campos vestidos de fiesta
después de tan larga espera...
el sol resplandece y brilla
y cantando los arroyos
abriendo feliz los capullos
al llegar la primavera.

Noche De Luna

Noche fría callada de otoño
se echa de menos la patria
las noches se mecen al vaivén de la brisa
acompañada de olas que se estremecen en la roca de
caribeño mar
y duele
se siente la pérdida de ver una luna llena
rielando las olas, que invitan a soñar.

Y no estás.
Nadie con quien contemplar
a Selene ondeando su cabellera de plata
perdida la esperanza revestida en
soledad.

El frío cala los huesos
y muy lejos te me has ido
triste
ausente de abrazos
y la tibieza de tu piel
remordiendo la nostalgia sabiendo que te he perdido
y no tengo la esperanza de que vayas a volver.

Cuánto quisiera volar
perderme entre tus calles que huelen a humo y sal
correr, escapar
al abrazo de los míos
y ver la luna plateando las olas de mi tibio mar.

El Espíritu De Tu Esencia

En ti puedo libar el sabor de mi añorada tierra.
y oler aroma de inmenso cañaveral
puedo ver el verdor de sus inmensas praderas
disfrutando las ternezas de un abrazo fraternal.

Al contemplarte, mi alma vuela con el viento,
descanso en cálidas playas, mirando palmeras danzar,
escucho el cantar de los grillos, en atardecer nocturnal
y el trinar sonoro de aves madrugando sentimiento.

Tu recuerdo recorre distancias que no separa el tiempo
de nardos y de azahares huelen tus atardeceres
endulzas mis añoranzas, envuelves mi pensamiento
evocación adolecente de perdidos y antiguos amores.

Esperada Primavera

Me escondo en las penumbras de una noche silente
larga, ausente, revestida de frío y grises días
tediosas horas con esperanzas dormidas
se pierden en larga espera
de un adiós sin despedida
donde parece ser que se me escapa la vida.

El tiempo lento se extiende
donde cayendo las hojas y haciendo grises las tardes
mora la melancolía...
y pasando llega el tiempo,
donde el sol se oculta triste
acortándose el día.

Y de pronto te sorprende
con el trinar de las aves
brilla con sus rayos alegres un sol lleno de esperanza
reverdeciendo los campos
desparramando alegría.

Pétalos desplegando color
nos dan de las flores su amor
se escapa melancolía
y se llenan de verdor
los campos y las colinas
el ruiseñor canta, trina
en aurora matutina
radiante y alegre sale el sol.

Vuelvo a vivir y reencarno
trayendo vida y salud
después de tan larga espera
en pos de mí con el sol
traigo en mi ser la alegría revestida de poesía
soy la reina de la luz
esperada primavera.

Volveré

El sol semidesnudo escondiendo
va su esplendor
tras las juguetonas nubes
la frescura del aire escurriéndose en el día
mientras mi alma suspira preñada de nostalgia
parida de melancolía.

Extrañando voy la brisa que mueve los cocoteros
el calor de un sol quemante que agoniza en mis recuerdos
el olor de mi ciudad que arrastra la tarde adormecida
y el letargo de la lluvia tropical, enternecida.

Parece llorar la tarde cuando llueve,
y en ese llanto se lavan las esperanzas de un regreso
y te extraño,
patria mía y mi alma conmovida
al pensarte parece morir por eso.

Volveré algún día y que sea pronto
eso espero
caminare por tus calles coloniales
empedradas
degustando el dulzor de tus ricos aderezos
despertando el sol en playas tibias
acariciadas por olas enamoradas.

Calmaré mis anhelos al volver a verte
porque esta sed de quererte no se apaga
¡oh patria que me vio nacer
cuanto anhelo volver
porque estás aquí
y no he dejado de quererte!

Ir Y Venir

Ir y venir sin brújula, norte o destino...
extiéndese caliente en sus pies descalzos
la avenida que conduce a interminable camino
les preocupa poco,
solo esperan encontrar en fétido basurero
merienda fresca de quien abastecido
haya dejado alguna sobra
o la esperanza de un te quiero.

Ven llegar un nuevo día
el mismo trajín de soledad y dolor
le acostumbra la apatía
que les mira cada día
pasar sin futuro y sin amor.

Esconden sus temores en tímida sonrisa
al acaecer la tarde
refugian sus penas en lúgubre y oscurecida cueva
sin sábana que les cobije, sin prisa...
ruegan sin saberlo que no llueva.

Así pasan los años y transcurre el tiempo
en ir y venir que nunca termina
se pierde con la esperanza la inocencia
en ojos con lágrimas que tan solo seca el viento.

Crecen desprovistos
de fe, amor, cariño y consuelo
tragados en el marasmo de pútrida sociedad
comienza de nuevo, otros toman su lugar
deambulando por las calles revestidas de maldad.

Invisibles,
son parte del panorama
pasan desapercibidos pocos ven su ir y venir
nadie les toma en cuenta
carentes de un mañana
van en un mundo perdido
en sociedad apática
de amor sedienta.

Los Perros De Mi País

Los perros de mi país
Solo beben cuando llueve...
y la lluvia se ocupa de darles un baño
nadie los quiere
rogando quizás que nadie les haga daño.

Van por doquier famélicos y sedientos
el sol implacable sin saberlo los castiga
y en el calor de la tarde soñolientos
echados en las aceras ignoran quién los hostiga.

Ariscos, desconocen de caricias
agresivos se tornan a quien se acerca
timoratos y de cariño carentes
huyen del peligro, de la gente.

¡Es un perro!
dicen en forma peyorativa
les sacrifican sin resquemor ni miramiento
y al igual que los niños deambulantes
van por las calles sin alternativa
desprovistos de amor y sentimiento.

Los perritos de mi país nadie los quiere
desconocen el amor
abandonados a su suerte
son seres vivientes que sienten y que les duele
y su existencia que a nadie le pertenece
desconsuela el alma y la entristece.

Quiero Volar

¡Volar, sí!
Enjugar cada lágrima,
abrazar cada niño desprovisto de cariño
ser aquella frazadita que nunca te ha arropado ser
un remanso de paz para tu corazón cansado,
consolar tus sueños tristes y besar tu frente amado.

Quiero volar hasta ti...
niño desvalido olvidado...
ser la madre que no has tenido,
y acunarte entre mis brazos
en cielo desprovisto de techo, estrellado
cantarte canciones de cuna,
la que nunca te han cantado,
y llenar tu ser de alegría hacerte olvidar tu pasado...
¡oh Dios cuanto anhelo volar
Llevándote a mi lado!

Mis Lágrimas Se Unieron A La Lluvia

Mis lágrimas se unieron a la lluvia
un mediodía donde la apatía arrastraba a la cloaca la esperanza
y tu cuerpo frio, en cálida mañana,
con un rostro sin sonrisas
helaba mi alma....

Mis abrazos no lograban alimentar tus anhelos...
quería yo revivir en aquel lloroso abrazo
resucitar la madre que te faltaba...
aquella mujer que perdiste tres años atrás y que ya no extrañabas.
Tu madre,
era tu realidad,
cruel palpable,
aquella soledad incansable
que hoy al mediodía en la lluvia te acompañaba...

Y sentí el dolor que implacable azotaba tu rostro,
Aquel dolor que nada consolaba
quise correr contigo,
comprarte alguna esperanza...
te pregunté a dónde vas, qué necesitas
en dónde se esconden cual sombras tus añoranzas.

Te encogiste de hombros,
te perdiste entre la muchedumbre que te ignoraba
y cual hoja que bate el viento te alejaste
trataste de sonreír un triste adiós
que desapareció en mueca de nostalgia...
tuve que dejarte ir,
rogando mi corazón a un Dios
que no pude saber si me escuchaba....

Hoy

Dejé mi corazón hecho trizas
despedazado por el dolor que produce la impotencia,
congelado ante la melancolía que vi entrelazada en la
tristeza eterna de un corazón sin esperanza...
tendido en la empedrada calle central de un país que nada
ofrece...
Vi la niñez perdida en el marasmo de un futuro incierto...
mis lágrimas como perlas, querían enjuagar la cara de tu alma
que clamaba para ser escuchada...
la pérdida de tu inocencia, la apatía de aquellos que pasaban
a tu lado sin ver que hormigas libaban el néctar de tus
amargas lágrimas.

Y lloró mi ser amargamente,
ante la impotencia cruel de no poder hacer nada...
quería tomarte entre mis brazos, acunar tus tristezas,
borrar tu desesperanza
oh alma inocente, alma olvidada
ser invisible, que pasaba ante mis ojos una y otra vez,
ignorado, con diferentes caras.

Niño olvidado, que no pediste llegar a este mundo cruel y
apático que jamás notó tu tristeza
envuelta en las nieblas frías que creaba tu valle de lágrimas.

El Genio De La Botella

Encontré un genio,
escapando de una botella que
caminando y sin querer tropecé
en la arena de una calle desierta.

Contento salió al ser liberado,
y en actitud noble expresó su gratitud
asintiendo con prontitud
que mis grandes deseos serían concedidos
y mis anhelos logrados.

¿Qué deseas? Preguntó.
Aquí estoy para ayudarte...
todo el oro te daré, amores te conseguiré
nomás tienes que pedir
y lo que quieras he de darte.

No lo pensé ni un segundo
Sabía lo que quería...
enjugar las lágrimas tiernas
de un niño desventurado,
traer la paz al mundo
sin violencia en esta tierra,
traer luz y armonía
que todos con amor nos tratáramos,
llenar corazones de alegría,
que a nuestro planeta cuidáramos.

Quiero escuchar risa de niños felices saludables,
con amor y ternura
ver de la primavera los matices
disfrutar el esplendor de la natura.

No más guerra, no más violencia, no más llanto
que nos cuidemos unos a otros como hermanos
pero lo que más anhelo...
es que amándonos andemos de la mano.

El genio cabizbajo, y triste,
bajando la cabeza se apartó
ahora no puedo complacer tus pedidos
no necesitas un genio, tú necesitas a Dios...

La Novia No Desposada

Relámpagos y truenos...
escuchándose a lo lejos una gran algarabía
cambiarían los tiempos
desde el viejo continente se aproximaba un viajero
con su valija rellena con albricias de alegría.

Una novia se alistaba,
junto al mar en las tardes
su mirada se perdía en lontananza...
preparando iba su traje adornado de natura
y con el verde frescor decoraba con candor
el nombre de la esperanza.

Se paseaba ilusionada
y en espera con ansiedad
sus damas vestían el color de la paz y la inocencia
había llegado la hora
el viajero se acercaba quien traía la libertad
a quienes prisioneros eran por ejercitar su ideal
que nacía en la verdad de su conciencia.

La lluvia caía a torrencial cual lágrimas mensajeras
el relámpago de luces, retumbando por doquier
la fiesta se realizó
mas la lluvia destruyó la ilusión que en la novia había
las damas de su cortejo no pudiéndose acercar
comprendiendo tristemente
que la esperanza moría.

EL viajero había llegado,
con su valija vacía
allí nada se encontraba
todo igualmente quedaba
rodeado de hipocresía.

Triste pasaron las horas...
penosamente el viajero
cenó con los carceleros
celebrando sin saber
de la triste realidad
que prisionero quedaba
un grito de libertad
Y el verdugo en su pocilga
se bañaba en impunidad.

Acaeció la tarde
terminó la fiesta
y con ilusiones desechas
volvió la normalidad
el Caimán yacía dormido
y la novia no desposada
con su mirada perdida
vio llegar la oscuridad.

Surgió Una Luz

Surgió una luz...
en la tumba tenebrosa
de un mundo que moría a destiempo,
saturado de apatía,
envenenado en aguas negras
de soledad y desesperado lamento.

Violencia,
cobijada en neblina de agonía su existencia,
escapando acelerados los valores,
perdiéndose la inocencia...

En espirales locos,
deambulaba la inquietud de
corazones rotos,
entretejidos en el marasmo
de futuro incierto,
violando con cobardía
la esperanza que algún día
pudo traer nueva vida
al ser que había muerto.

De súbito, surgió la luz,
emanando en el candor tímido
de una roja rosa,
encarnándose en la cruz
vibras de amor y alegría
despertando en armonía
una nueva era gloriosa.

Bodas Alquímicas

En noches de cuarenta días
al origen de los tiempos,
creando
Una gota derramó la mano del arquitecto.
Desde lo profundo de la tierra,
brilló una luz,
tronaron los elementos
en medio de la oscuridad
la aurora desgarro el velo
un despliegue de colores
mil arcoíris nuevos,
y surgió la rosa roja
al confín del vasto desierto.

En el eco de los vientos
se escuchó mágica trompeta
una boda se anunciaba
y de arena polvorienta
una cruz se levantaba
que con aliento de vida
a la rosa conquistaba.

Unidas eternamente
recorriendo el infinito
pasado, futuro y presente
en camino interminable
y cruzaron tras el tiempo
un sendero inolvidable.

Transitando

Vestida con el candor de la inocencia
transitando veredas
galardonadas de amapolas, hortensias y azahares
bajo el hechizo de tu presencia
mi alma cayó rendida ante la luz
que irradiaban tus ojos con el color de
mil mares.

Comprenderlo no podía
era demasiado para mí
no lograba olvidarlo,
el hechizo de esos ojos
regalo de santa Lucía,
habían prendado mi ser
y no dejaba de admirarlos.

Y los amé en silencio
como se ama lo imposible
perdí la noción del tiempo.

Transcurrieron mil lunas,
amándote como ninguna
inquirí con nostalgia,
buscando donde habías ido.

En el marasmo sutil de lo intangible
transitando caminos desconocidos,
en un atardecer cuando menos lo esperaba,
se encontraron de nuevo nuestras vidas,
y aquella luz de tu mirar, ya no encendida
mi vereda de azahares, no alumbraba.

Mágica Presencia

Musa de ensoñación que mi alma inspiras
Eterna canción de amor y de embeleso
Alborada de ensoñación mágica lira
¿qué daría mi corazón por tan solo robarte un beso?

De labios jugosos y dulce como lo que posees,
rodeados de perlas del mar que tu cuerpo baña
inundándome de amor que contra mi ser se ensaña,
al no poder tenerte y sentirte como eres.

Quiero hurgar dentro de ti y absorberte cual esencia
de tu feromona febril en noches de desvaríos...
entretejer inconsciente tu cuerpo con el mío
escapando al infinito ante tu mágica presencia.

El Amor De La Vida Mía

Yo quiero soñar contigo
penetrando mis deseos
llevándome al paraíso
hasta que duela el placer
el infinito encender
creando estrellas
embrujada con tu hechizo.

Escapar entretejida con tu cuerpo
elevándome cual humo,
con la esencia que de tu ser emana libar el
néctar endulzado de tu aliento despertar tu
pasión con el sol de la mañana.

Quiero volar, encumbrarme
perdida en la pasión de tu amor incandescente
en tus brazos soñar, acunarme
prendida de tus labios en un beso ardiente.

Anhelando voy que recurran sin tiempo
las horas, los meses, los años y los días
estar en tu ser y que en tus pensamientos
lleves por siempre el recuerdo
del amor de la vida mía.

Despertar Mañanero

Me acuesto pensándote.
Deseando al dormir encontrarte en mis sueños,
feliz, amándote
y se detiene el tiempo, la realidad, el espacio
y eres mi dueño.

Dueño sí, de mi vida, mis mañanas y atardeceres
de mi existir, mi paz, mis cuitas y temores...
te miro llegar a brindarme tus quereres,
y se regocija mi ser al disfrutar tus amores.

Se enternece mi alma
se humedecen mis sueños al libar el néctar sutil de tus besos
aparición febril, etéreo dueño
de pasiones imposibles, de embelesos.

No quisiera despertar
quiero morir en tus brazos
perdida en la negrura de tus ojos hechiceros
sentir la tibia calidez de tus abrazos
empapada en el roció del despertar mañanero.

En Mi Loco Devaneo

No puedo entender el lado negativo
si solo quiero estar contigo
amarte
quererte
besarte
despaciosamente acariciarte,
amándote apasionadamente
besándote hasta quedar sin aliento
estando junto a ti decirte lo que siento.

Es que mi amor por ti se acrecienta cada día
y camino por la calle musitándote poesías
tú has hecho que vea los días pintaditos de colores,
te evoco y escucho en el cantar de ruiseñores.

Imagino tus labios
como fruta tropical
con besos tibios ardientes,
que me muero por besar
y te sumerges en el mar de mis deseos,
te aprisiono entre mis brazos,
en voraz desvarío
tu cuerpo vibra de emoción
confundiéndose con el mío
escapando al infinito
en mi loco devaneo

Tú Me Enseñaste A Amar

Tú me ensenaste a amar...
a buscar la estrella fugaz que se escapa al infinito...
a amar tus silencios, evasivas, y desdenes
a gritar cuánto te amo en eco que no repetirá mi grito
amando el sufrimiento,
la causa de no tenerte.

Amo la brisa que tiernamente acaricia tu figura amo el
aire que respiras y la lluvia que te baña amando voy
por los tiempos el color de tu hermosura amo la
desesperación de no volverte a mirar
y la pena inmensa al saber que no reciprocas mi amor
amo el pensarte en silencio, con dolor.

Mis lágrimas,
perlas perdidas van cayendo en árido desierto
al evocar tu nombre y la terneza de un beso
cuando la esperanza escapa y la ensoñación ha muerto
quedando en desolación un anhelo sin regreso.

Mis añoranzas transitan como barco a la deriva...
muero amando cada día aquel amor creado en espejismo
y temiendo no volver en la partida...
renace una y otra vez el amor en sí mismo.

Necesitando voy, libar ese, el aire que respiras
mirarme una vez más en tus ojos
caer presa de tu embeleso
transitar por donde vas, mirar a donde miras...
y una vez más rendida a tus pies robarte un beso...

Cuando Lloras Al Besar

Guardas un dolor o alguna pena escondida...
o te invade la emoción por un amor imposible
llevas allí muy dentro una imborrable herida
o sientes alcanzar el cielo, lo intangible.

Cuando escapa una lagrima al besar sus labios,
entregas el alma, y sientes que mueres amando
entierras el dolor de un desagravio
porque vives y mueres al estar besando.

Besas y lloras porque amas de verdad
y das todo de ti
de hito en hito...
amas con pasión con frenesí y ansiedad
sintiendo como se ama bonito

Ayer Y Hoy

Ayer héroe,
hoy, tan solo memoria...
ayer, presencia, hoy esencia.
Ayer vida, energía Utopía y esperanza
hoy recuerdos y nostalgia revestida de añoranza.

Ayer erecto sobre la tierra,
hoy dormido dentro de ella,
Flor hermosa
Plasmada en el artístico lienzo de la vida
desplegando su candor, su hermosura
desparramando su olor en la llanura
hoy pajilla seca que el viento transporta al infinito
eco triste, y de vacío el grito.

Fuiste, acción
Ternura, compasión, embeleso
hermosa inspiración que se robaba un beso en
labios tibios que provocaban deseos
pronunciando un te amo apretado en un abrazo
Ojos brillantes, lleno de luz, tul sutil,
céfiro de alma enamorada
sonrisa de sol, cantarina carcajada
que ayer fue y ya no es más escapando con la nada.

Hoy llegó la muerte
Destrozando en mil pedazos
el poder de verte y recibir tu cálido abrazo

Concluyendo tristemente con el alma destrozada
que ayer fuiste y ya no más
solo existes en la alborada
de una grisácea mañana
que hoy escapa con la nada.

Hoy No Te Digo Adiós

Cual ave de paso
o estrella fugaz
luz que rasga el cielo de noche en oscuridad
estuviste y ya no estas....

Te fuiste, y no volverás,
quedando solo el árbol que plantaste
tus logros, y en lo que erraste
recuerdos de lo bueno y lo insensato
esfuerzos de lo caro, y lo barato.

Preocupaciones de un presente ido a destiempo
acciones y nobles sentimientos
llevaste contigo a cuestas como ligero equipaje
la imagen viva de aquellos a quien con ternura amabas
y en lento transitar de interminable viaje
el impasible mirar de todo lo que dejabas…

Duele si, verte partir sin despedida,
trágica, súbita e inesperadamente,
y al comprender lo efímera que es la vida
que se escapa en forma cruel y de repente
destrozando el corazón en mil heridas
llora al partir lenta y calladamente.

No te digo adiós, sino hasta luego,
ya que al igual que tú, un día también partiré,
regocijando mi ser al encontrarnos de nuevo
hoy prometo con el alma que jamás te olvidare.

Ante Ti

En la profundidad de la noche silente...
toqué tu virilidad, febril, ardiente
que irguiéndose ante mí blandiendo incitante...
hacíame desearte en ese instante.

Erectos, mis pechos anhelaban el roce de tu boca
evocando en mis recuerdos la imagen de tu intimidad
derretida, iba de pasión, con mi alma loca
deseando que penetraras mi ansiedad.

Tocaba sutilmente, deseosa de encontrarte.
hurgando dentro de mí, clamando una y otra vez tu nombre
mojé mis sábanas blancas al junto a mi imaginarte
prendida de tus labios y con la fuerza de adorarte.

Juego Peligroso

Prendada de tus labios
libando el néctar de tu boca
y con unas ansias locas
de elevarme contigo al infinito
poquito a poquito
volver tu boca a besar
conjugando el verbo amar
acallando de placer tu grito.

Como escultor enamorado
cincelar con mis manos quiero tu figura
dibujando en lienzo
tu hermosura,
mientras estremecido de pasión yaces a mi lado.

Dulcificar quiero tus sentidos
en mágico canto de sirena
en el misterio de la luna llena
bañar quiero tu cuerpo desvestido
sentir la tibieza de tu piel ardiente
mientras logro con destreza, de repente,
la erupción volcánica de tu viril erguido.

Si muero con la ilusión que te besé de nuevo
teniéndote junto a mi como mil veces he soñado
sería vivir satisfecha de que en verdad te he amado
y que no fuiste la pasión de un peligroso juego.

Sueño Astral

Anoche...
Antes de dormir clamé tu nombre
evocando tu sonrisa, imaginándote
llevándote al infinito en aras del ensueño,
fuiste mi dueño.

Ocurrió entonces la magia del amor, apareciste
ante mí, en todo tu esplendor, sonriendo
acariciabas con ternura mis anhelos
elevándome con tu beso ardiente hasta el cielo.

Pude sentir tu tibia piel,
lamer la sal en tu pecho sudoroso de pasión
libar el néctar de tus labios destilando pura miel,
escuchando los latidos de tu amante corazón.
Estabas ahí,
haciendo toda tuya mis eternas esperanzas
fui muy feliz,
sabiéndote solo mío, sin barreras ni distancias.

Quise aprisionarte y conmigo retenerte
te escapaste, en brusco despertar ya te habías ido
mas fui feliz al poder amarte, verte
y aun ese instante feliz, está conmigo.

Con la pasión que se desparrama de tu sangre ardiente
ven de repente,
rompe el velo de la noche
traspasa los umbrales de mi intimidad...
quédate un poquito más...

Penetra con tu daga ardiente
deja plasmado tu recuerdo
en los adentros profundos de mi alma,
roba mi calma,
mi sed de amarte,
mis deseos,
mis anhelos, elévame al cielo.

En el orgasmo febril de tu sed inagotable
hazlo palpable,
crea de lo imposible
la posibilidad de tenerte en sabanas reburujadas,
hazme morder tu almohada.

Sacia con tu agua ardiente mis desvelos
llévame a mundos desconocidos, donde solo moras tú,
para estar contigo, para alcanzar el cielo.

Déjame Ser

Quiero absorber la húmeda feromona
de tu piel ardiente
perderme en la profunda negrura de tus noches
libando frenéticamente el néctar de tu boca
escapar a tu lado pasado, futuro y presente
envuelta en mil velos de pasiones locas.

Ser tuya quiero aunque sea tan solo una vez
ven, pulveriza mis deseos y devora mi inquietud
mesmeriza mis anhelos ante tu desnudez
traspasando el infinito con tu hermosa Juventud.

Déjame ser
quiero ser el agua que refresca
el candor sutil que tu presencia irradia
deja amarte con la noche y estar hasta que amanezca
vibrar junto a ti con pasión con deseo y con rabia.

Aun No Lo Sepas

Aún busco en mis labios aquel beso que me diste
voy pintando el retrato donde escapa tu sonrisa
hurgo en mis adentros
alcanzando erizar mis sentidos
hoy te tengo estás conmigo, estoy contigo.

Trémulo entre mis brazos, vibra tu cuerpo
saboreando en mi boca la lava de tu volcán
una vez más te hago mío aun no lo sepas
estremecido en la pasión con ansias locas
donde escapan los tabúes y las ganas se van.

Mueres, revives de nuevo y en frenético desvarío
gimes, quedo en el ardor de la fiebre que provocas
temblando, al desbordarse la vorágine del deseo
confundidos, en un abrazo en tus ojos veo
unido tu corazón en amor junto al mío.

Finalmente duermes, tierno como niño satisfecho
dibujando en la penumbra una estampa de ternura
contémplote estremecida acurrucado en mi lecho
disfrutando de hito en hito tu belleza, tu hermosura.

El Mejor Día De Tu Vida

Al pensarte...

evocando sueños inconclusos de temprana adolescencia...
me atrevo a invitarte
anda, vuela hacia
mí en aras de la pasión
y el deseo latente de mi amante corazón.

Escapemos juntos en un vuelo de quimeras
y te llevaré conmigo a los portales del cielo
haré reales tus antojos, complaciendo tus anhelos
erizando tu piel con caricias nuevas.

Quiero hacerte estremecer al toque de mis labios,
gemir te quiero escuchar con alegría
quebrando con un beso tus silencios
bebiendo febril el néctar de tu agonía.

Satisfacer con frenesí tus ilusiones restringidas,
quiero hacerte muy feliz...
haciendo de nuestro encuentro
el mejor día de tu vida.

Tiré Mi Corazón Al Río

Caminé con prisa al puente....
y en el caudal del río tiré el corazón de repente
que lavara mi penar
y así poder olvidar
el dolor que aún sigue latente
pues no te he dejado de amar.

En mis manos para ti
llevaba flores hermosas,
primaverales mariposas
volaban al verte llegar
gotas de amor destilaban
de mi ser enamorado
y de verdor los vallados
se convertían al tú pasar.

Ahora de tanto llorar
llueven lágrimas de pena
y en noches de luna llena
aullando cual loba en celo
me muero del desconsuelo
al no poderte encontrar.

Tiré mi corazón al rio
total, para qué lo quiero,
sin tu amor se muere de frio
sintiendo que por ti muero.

Mi Último Amor

Mi pasión,
aquel que llena de alegría mi corazón
mi frenesí, mi desvelo...
desearte y encontrarte en mi desvarío
me conduce al cielo
anhelando voy
mirarte, tenerte,
y es mi último deseo poder abrazarte quererte
tengo sed de ti
mi alma te necesita
al imaginarte junto a ti mi ser se agita
y mi corazón enloquecido, palpita.

Sé que jamás podre tenerte
aun así te quiero
te deseo y me muero por verte.
Siempre serás mi eterno amor imposible
inalcanzable, intangible,
mas te amaré toda la vida con amor
impredecible.

No te imaginas cuánto he pedido dejar de amarte
mas es inútil, nací para adorarte.
Aun no lo creas te he tenido muchas veces Y
en noches locas de pasión te he saturado de
caricias y besos que para ti he guardado.

Sé que este deseo lo llevaré conmigo a la sepultura,
que aun al no poder tenerte te amaré doblemente
porque esta pasión que me lleva a la locura,
hará que te ame por siempre eternamente.

Alteración Inconclusa Del Ego Mismo

Te quise
en verdad te amé...
deseando cada instante que tu cuerpo fuese mío
buscando que hurgaras en mí
con tu joven virilidad
que con vívida pasión
calmaras en mí la ansiedad.

Esperándote en largas noches
de eterna locura
tristemente
desvaneció el espejismo
mesmerizante imagen
de aquello que nunca existió
aparición ilusoria, de aquel quien nunca me amó
alteración inconclusa del ego mismo.

Hoy Digo Adiós

Hoy digo adiós…
a tu desdén, hipocresía y desamor
a la imagen que un día de ti forjé
ilusión creada en pena y dolor
falsa imagen de lo que era y nunca fue.

Adiós, esfumando la esperanza
de aquello que no debió suceder
con un amor revestido en desconfianza
adiós al beso furtivo del ayer…

Adiós a la imagen que de ti formé
con la emoción que alberga un corazón enamorado
y en la oscuridad de la noche en calma
que se lleve con ella la negrura de tu alma
y el amor que por ti tuve y nunca supe por qué.

Nunca fuiste merecedor de mis quereres
pisoteaste con dolo todo lo que te di
y aun a sabiendas que te quise y no me quieres,
fingiste vilmente, sabiendo que mi alma daba por ti.

Ya he decidido que te arranco de mi vida...
y el corazón que has destrozado tu desdén, enmendaré
hoy lloraré feliz dando la despedida
a tu mal amor que quise y que prometo, olvidaré.

No Necesito Tu Cuerpo

No necesito tu cuerpo para tenerte
ni siquiera tu permiso para amarte
solo me basta buscar para encontrarte
cerrar mis ojos para soñar y verte.

Nada puede impedir que te disfrute
tus besos, tus caricias, tus suspiros
moras dentro de mí, y en mis latidos
gústete a ti o aun no te guste.

¿A quién importa el mundo y sus bajezas?
Soy feliz así, queriéndote de veras,
el quererte bien o no ¿a quién interesa?
Amo el amor que te profeso,
y así quiero a mi manera.

Amar a solas es aún más divertido.
No existen impedimentos, ni dramas,
ni conflictivos momentos
es morir, nacer, renacer y al ser querido
entregar el corazón con verdadero sentimiento.

No vas a lograr impedir que te quiera cuando quiero
te tengo entre mis brazos
nadie puede pararlo, es mi elección
y última decisión amarte hasta que muera
amarte aun no lo quieras será mi venganza
saberte amado aun no lo merezcas, tu castigo
porque quieras o no es mi esperanza,
amarte a la mala, y siempre estar contigo.

No Volverás Algún Día

Llorar quiero cuando evoco tu nombre
se enternece el corazón y el silencio nocturnal
trae tus recuerdos cual nota de piano ausente
vibra mi ser al sentir que te amo todavía
mirando que pasa el tiempo y que aún moras en mi mente.

Muero en cada atardecer al acaecer el crepúsculo
y renazco al amanecer como fénix para amarte
el desdén de tu desamor inexistente, es minúsculo
al comprender que aun no quiera, nací para adorarte.

Pasa el tiempo y cuando creo que ya te he olvidado tus
recuerdos reverdecen cual pasto en la primavera sintiendo
que te estoy amando como jamás había amado... que te
tengo que querer, aunque quererte no quiera.

Ya dame la libertad, ven desata mis cadenas
desembruja mi existir, deja partir mi agonía
rompe del amor tu hechizo antes que muera de pena
al concluir tristemente que no volverás algún día.

Espejo Sin Luz

Hoy de ti me acordé...
y di mil gracias al cielo porque de ti me olvidé tu amor enterré
no supiste valorar aquel amor que te di
me perdiste y finalmente de tu existencia me fui...
en un viaje sin regreso entendí...
que aun fue grande mi ilusión
nada valía de ti.

Se partieron tus recuerdos como un espejo sin luz
de tu sonrisa el hechizo lentamente se rompió
me liberé de tu embrujo, gracias al cielo di...
porque mi vida cambio cuando ya no estabas tú.

No niego que te recuerdo y sonrío al pensar
que de vez en cuando me extrañas y piensas en tu traición
sabiendo que como te amé nadie te sabrá amar...
ni llevarte con ternura cerquita del corazón.

He sabido que has pagado, que nada te sale bien
que estás preso dentro de tu alma, olvidado y con dolor
lo que aquí se hace se paga, porque sufrirás también
por la maldad que me hiciste, con tu vil desamor.

Cuando Más Te Quería

Fue tan bonito quererte
albergando en el corazón
una bonita ilusión
esperanza de un tiempo ya ido...
sintiendo poder tenerte
que con mi alma te quería
y que me habías querido.

Al despertar cada día saberme tener tu amor
mi corazón llenaba de alegría
eras la fresca alborada
de arroyuelo la cascada salud
de la vida mía.

En noches, largas, calladas
junto a mí te imaginaba
envolviendo mi existir con tu embeleso
¡oh, amado, cuanto anhelaba
cubrir tu cuerpo en caricias
entregándome en un beso!

Un triste día descubrí,
que tu existencia hermosa era solo un espejismo
cuanto lloré y sufrí
al ver como se esfumaba la ilusión de vano querer
tras un abismo.

Hoy en ecos de agonía
llegan a mis recuerdos, algo que pudiendo ser
no fue, que no existía
lección de la vida que cruelmente al aprender
me hizo saber que aun
sin amarme, te amé, y al amarte
fui feliz
cuando más yo te quería.

Llorarás Mi Ausencia

Siento tu palpitar cerca de mí
que me buscas en noche de soledad y de hastío
sin mi calor tu ser estremeciendo de frío
queriendo de nuevo sentir tu corazón junto al mío.

Sé que añoras el ayer
cuando con mis palabras enternecía
la soledad de tus noches
y poseída de amor con mi ser te acariciaba
susurrando en tus oídos conversaciones de almohada.

Siento que la soledad
crece en tu existir cual sombra espectral
se acerca en noches interminables
que aún existo en tu vivir y para bien o para mal
mi recuerdo es imborrable.

Llorarás mi ausencia,
deseando volver atrás el tiempo que ya se ha ido,
te atormentas extrañando mi presencia
aun quieras o no te lamentas
lo que tuviste y no tienes
que por tu error, has perdido.

No Sabías Mentir

Visualización febril,
mágica ensoñación de mi alma enamorada
apareciendo ante mi cual príncipe encantador
que llevaba junto a su pecho rosas, poemas de amor
y atardeceres de embrujo bajo la luna de abril.

Eras solo el mesmerismo de noche de soledad
creado en la ilusión de lo etéreo e intangible
y a sabiendas que ese amor era solo un imposible
de entretejidas mentiras e hipócrita falsedad.

No creas que me engañaste, bien supe eran mentiras
aquellas palabras dulces que infiltráronse en mi ser
que burlado por sí mismo, llevado por tu falsía
nublaron mi sentido ganándole a la razón
logrando que de a poquito entregara el corazón
escapándose contigo a un mundo de fantasía.

Quise que continuaras mintiendo pues en realidad te amé
no importaban las mentiras porque te sentía mío
era feliz, muy feliz y en mi febril desvarío
te entregue todo de mí, te quise y te adoré.

Subió el telón y ante mí, quedaste desenmascarado
pobre actor descontrolado que olvido su falso actuar
arlequín de pajas vanas que no sabe ni mentir
ante mis pies destrozado el castillo se rompió
despedazando inclemente, un corazón enamorado.

Te Vi

Mi corazón corría hacia ti enloquecido
mi sangre ardiente, aumentando sus latidos
con ansias de amarte, besarte,
beber una vez más las mieles de tus labios
olvidando sinsabores, agravios y desventuras
envolviendo mi ser en la tierna niebla del hechizo
que de tu existencia emana.

Doblando débil mí existir ante el mesmerismo de tus ojos
escondidos cual violeta entre discretas hojas
y la blancura de una sonrisa tímida y lejana
sentí que te amaba aún... al despertar cada mañana.

Pero la lógica ante la razón aquel sentir espanta
y ante la cruel realidad, impenetrable muralla, agiganta
el frío acero de impenetrable crueldad se levantó entre
nosotros
contemplando la realidad de irremediable final,
de ensueño inconcluso e ilusiones inciertas
de caminos interminables, y esperanzas muertas.

Desandando caminos transitados,
haciendo una pausa junto a pequeño arroyo
acerqué el rostro hacia ti anhelando un beso
posaste tus labios en los míos, desanimado
furtivo, fugaz como estrella que escapó
allí no estabas, y allí no estaba yo...

Mi corazón encogiose de tristeza,
escapando en aras de melancolía,
evocando aquel amor años atrás
cuando de pasión y lujuria tu ser ardía
sintiéndote ido y que nunca volverás.

El tiempo en el amor creando hastío,
cortinas en penumbras de la vida que escapa
abriendo huecos y fabricando vacíos
rutina de amaneceres sin sol,
sabanas frías donde se pierde el amor.

Estando no estás, nieblas nublan la pasión
yéndote no te vas, cargando lentos tus pasos
entorpeciéndose el deseo muriendo va la ilusión
añoranzas que se escapan en un débil abrazo.

Tristemente entendí que pasaba desapercibido
aquel amor, el querer de años vividos,
todo tiene su final y en tu partir
donde estás no estás, y aun no te has ido
lo que fue y no es jamás volverá,
fue tan solo una ilusión, de años perdidos.

Lo Que Erróneamente Se Adora

Esperaba tu llegar
allí, a solas, como soñaba...
al sonido de las olas, donde el mar besa la playa
pacientemente esperaba
lánguida mirada perdida en lontananza
en el suspiro tierno de una eterna esperanza.

Veía en mi mente acercarse tu figura
caminando despacito en la distancia
venías cargado de ternura
a realizar mis anhelos
y a satisfacer mis ansias.

En interminable espera
aguardé por mucho tiempo
ver el día para entregarte
todito mi sentimiento
tibiamente el sol acariciaba las olas
mis ojos buscaban tu figura
más no podía encontrarte
musitando tristemente mi amor a solas
lloré en silencio y mis lágrimas
secaron de tanto esperarte.

Irónicamente a mis pies
asentaron dos palomas
una blanca, la otra negra
alrededor caminaban
de un corazón destrozado por aquella larga espera
devoraban las migajas que por doquier encontraban.

Aquellas dos palomas encerraban una lección
de cómo inconscientemente entregamos el corazón
mientras la paloma negra saltarina se desplazaba
la palomita blanca, estaba herida, lastimada.

Aquel paisaje real dejaba una moraleja de un
amor irreal, aquel que nunca llegó
ensoñación ilusoria de algo que nunca existió
espejismo de figura que se aleja.

Aprendí, que no se es todo lo que aparenta ser
que no me llegaste a querer porque no existes
idealicé en ti un amor que no pudo ser
porque en realidad nunca me quisiste.

En nuestro andar por la vida
amamos lo imposible
tratando alcanzar en vano
lo lejano y lo intangible,
en un amor caprichoso siempre se sufre, se llora
causándonos gran dolor
lo que erróneamente se adora.

A Veces

A veces quisiera que llegara el día,
un día feliz como cuando me querías
un día glorioso con albricias de esperanza
cuando el eco traía tu nombre a través
de la distancia.

A veces pido al cielo la sorpresa de un tequiero
tú viniendo a mí de nuevo, a construir mis anhelos
donde el sol maravilloso en un nuevo amanecer
trae ensueños en colores donde yo te vuelvo a ver.

Quiero vivir en mi ser, que se siente ser feliz
despertar en la mañana sintiendo que estas a mi lado
corriendo alegre por los campos sabiéndote junto a mí
en un solo corazón, felices enamorados.

Todo Por Nada

Nunca he de volver amar después de ti...
mis primaveras escaparon con el otoño
y el frío invierno quiso correr a cubrir mi soledad
en busca de tu abrigo.

Jamás daré a nadie mi corazón
aquel que robaste y jamás devolviste
porque te amé, todo te di, no lo apreciaste
no me quisiste.

Cerré las puertas, afuera llovía
sin comprender el porqué de aquel amor
te quise con la última fuerza de una pasión
que sin parar hasta ti corría.

Se aproximaba el otoño y al caer las hojas
mis esperanzas se esfumaban
las noches se alargaban
y solo me consolaba poder encontrarte
algún día.

Soñarte era mi desvelo
adorarte mi pasión
y cuanto rogaba al cielo
encontrarte entre mis brazos en velo de ensoñación.

Pero en noches sin estrellas
perdida en horas calladas
no quise volver a amar
al comprender tristemente
que te di todo por nada.

Aquello Que Ya Se Ha Ido

Solo se vuelve soñando a
los años de primavera
cuando al nacer la mañana
resurgía la esperanza
de un futuro feliz
lleno de luz y alegría
y al acaecer el día
el amor te estaba esperando.

Aprovecha cada instante
cuando te acompaña la fuerza
para emprender el camino
revístete de nobleza
enfrenta la vida con bríos
conquistando desafíos
utiliza la cabeza.

Labrando con fe tu destino
vendrán un día largo y tedioso
donde en cada despertar
de tu vida harás recuento
recordando el momento
aquel de tiempo perdido
sin poder recuperar
aquello que ya se ha ido.

Tu Espera

Mi pelo ondeaba rubio
y mi sonrisa feliz
veía llegar tu celaje traído por brisa otoñal
en la destellante aurora de mañana tropical
y en el salitre del mar
sentí saborear el beso
de tu boca que cual rosa
entreabría al roce de mis labios
sin temores, sin agravios.

Aprisionando en tímido abrazo
tu cuerpo estremecido vibrando de amor junto al mío
y cobijada en la tibieza de tus brazos
mi corazón latiendo
con tu amor enternecido.

La espera
larga e impaciente mientras te soñaba llegar
envuelta en la tórrida vorágine de un amor en primavera
llegaste cual estrella fugaz escapando en la oscuridad
y nunca supe en verdad
si valió la pena tu espera.

Lloro

Lloro
no es porque lloré...
lloro por tu querer
porque lo que fue y nunca fue...

Mi llanto encierra promesas incumplidas
evocaciones lejanas
de inocentes mañanas
e inesperada despedida.

Llanto de lo que no pudo ser
de tiempo pasado y perdido
un suspiro nunca ido
cuando no te volví a ver...

Tu voz me la trae el viento
perdida en eco lejano,
queriendo tocar tu mano
diciéndote lo que siento.

Espejismo eres de pasado,
envuelto en curiosidad
la certeza y la verdad
que un día te tuve a mi lado.

Comprendí que te habías ido
como el caudal de un río
que nunca serias mío
y tu amor había perdido.

Nieve De Primavera

Hubo quien dijo un día...
que no nieva en primavera
que la soledad se queda
y la juventud, se va.

Sera que quizás no sabrás
nadie muere por amor
este puede causar dolor
más nadie muere por eso,
es tan solo un embeleso
que marchita cual una flor.

Al llegar la madurez
cae la nieve allí, en tu alma
te sobrecoge la calma
y lenta llega la vejez
mirando el tiempo pasado
te vas cubriendo
de canas y te quedas con las ganas
de volver a ser amado.

Realizas el tiempo perdido...
evocas lugares añorados
de momentos sin olvido
y corazones amados.

Concluyendo tristemente
la vida que dejas atrás
que te marchas lentamente
y que jamás volverás.

Venturoso Final

La vida pasa
los errores pesan
las decisiones tomadas, se transforman en realidad
los años cuentan
el vivir, acaba
y el camino transitado, no desandarás jamás.

Cuando vas por el sendero
de la vida que construyes
dejas tras ti las semillas
que germinan a tu paso.

Al pensar vas creando
al actuar sin pensar, destruyes
lo falso y lo verdadero
en tu andar vas cultivando.

Eres dueño de lo que creas
de ti depende tu historia
moldeando vas por la vida
en tu existencia mortal.

Cual ingenioso alfarero de ti
depende tu gloria Construye
pues, con sabiduría tu
venturoso final.

Poeta Muerto

Me fui ayer y ahora vuelvo
a traer un mensaje, dejarte un verso...
la vida es un constante ir y regresar
para hacer o conseguir lo que no pudimos lograr.

Naces
renaces
te vas y vuelve
la rueda sigue su incesante girar
exististe y existes,
ayer fuiste,
hoy te vas aprendiendo
andando cerca del verbo amar.

Nada cambia, pasas y luego te quedas
como el llegar del otoño y el regreso de la primavera
vibras, mueres y vuelves a encarnar
aprendes y pagas lo que tienes que pagar.

Te vas con la poesía con ella regresas
renaciendo al dejar tus semillas en el huerto
eres el fruto de la palabra y lo que expresas
renaciendo con la fuerza de poeta muerto.

Ni Por Un Momento

Vivo enamorada de la vida
de imposibles mesmerismos de ensoñación
que escapa en la distancia...
Aurora de un mundo de plenilunios
de eternas primaveras, paridas de nostalgia.

Sueño con mil abrazos
tibios, enternecedores cual noches tropicales
y en el despertar de lindos amaneceres,
bañar tu ser en el efluvio de cristalinos manantiales.

Entreabrir tus labios quiero en cálido beso
oler tu aroma y escuchar tu acento,
contemplarte erguido viril y en embeleso
no apartarme de ti ni en un momento.

Diosa Quiero Tu Saber

A ti,
Diosa encendía que el amor creaste
que libando febril el néctar de su dulzura
dibujabas de colores, y de aroma la natura
que en los amantes y enamorados te ensañaste
haciendo su corazón sucumbir de amargura
a ti pregunto, vagando en noches de plenilunio.

¿Acaso entiendes de mi infortunio?
¿Por qué vestida con sedas de infinito
alejando el amor que hiciste en mi renaciera
ensordeces cruelmente y no escuchas el grito
de un alma que vaga en desvelos de quimera?
¿No te compadece el dolor que en mi ser habita
sabiendo que cada día mi pasión lo necesita?

Lloro por el cada día, mis lágrimas son la lluvia
que reverdece los campos, y refresca la primavera
y en atardeceres de brisa tibia
evoco enternecida envuelta en la quimera
al saber que de su boca no voy a robar un beso
aun sabiendo que su amor mi corazón dejo preso.

Oh Diosa, Oh Venus,
Dime por qué
elegiste que yo fuese quien amara con locura,
hiciste que para vivir feliz y triste a la vez
de hinojos rendida de amor cayera a sus pies,
adorando un imposible, perdiendo la cordura,
admirando lo hermoso de lo que era y no es.

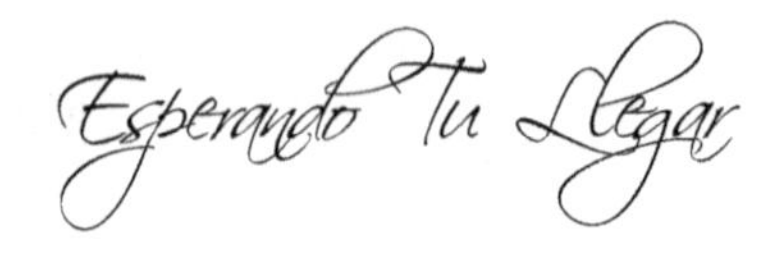

Te esperé llegar
todo el día suspirando al ver pasar las horas
y no se encendió tu luz, y corría tras de ti mi alma
en busca de tu ser
sintiendo desfallecer al despertar y sin poderte mirar
mordí en vano mis labios
buscando libar el beso que me diste tiempo atrás
evocando tus palabras que aún no he logrado olvidar
queriendo escuchar tu acento como dulce susurrar
esperando tu llegar.

Entristecido el día, no queriendo despertar
del letargo que produce, tus recuerdos al evocar
anhelando apresarte en mi mente y no dejarte escapar
ídolo de mis ensueños, quien me hace suspirar...
esperando tu llegar...

Así pasaran mis años y al saber que no he de lograr
que me estreches entre tus brazos, que me vuelvas a besar...
moriré con el recuerdo, de ese bello amanecer
que ansiosa de deseos esperaba junto al mar...
verte avanzando despacio en cadencioso caminar...
y sabiendo un imposible que me vuelvas querer,
aun sueño verte algún día esperando tu llegar...

Aún Estás Conmigo

Fuente de inspiración, creativa lira,
agradezco que has tocado las fibras de mi ser
caudal de pasión que mis musas inspira
aunque sepa que jamás me llegaras a querer
el tiempo ha pasado
pero aun ha logrado borrar de ti los recuerdos.

Mi corazón herido, enamorado
aparenta ya olvidar
pero aún en mi pensar
de ti me acuerdo.

Sé que algún día te irás, porque aun por más que luche
no te has ido
un día no volverás
sabiendo que te fuiste
porque aún estás conmigo.

La Alegría De Amarte

Lindo es sentir que tienes quince años otra vez
y allende el mar existe un ser que te espera,
volverte a ver
despertar al amanecer de eterna primavera.

Mil veces he pedido a Dios
volver a sentir la alegría que inspiraba tu sonrisa,
escuchar de nuevo tu voz
la que llegaba hasta mí cual tibia brisa.

Enamorada de ti
brillaban con más fulgor las estrellas
plateaba en su esplendor la luz dc la luna
al soñarte junto a mí
las flores eran más bellas
porque eras mi mayor fortuna.

¿Oh fugaz Ilusión, por qué te fuiste
Dejando solo el consuelo de evocarte?
Hoy pido a Dios cuando me siento triste
devuelva a mi corazón la alegría de amarte.

En Verdad Supe Amarte

Revestida en tersura de terciopelo
lega tu voz hasta mí
sublimidad que enamora
y transportando mi ser a los dinteles del cielo
me lleva de súbito al ayer en la realidad del ahora.

Y recuerdo en mis nostalgias de adolescencia perdida
aquella noche cálida en que disfrute tu presencia
tomaste con ternura mi mano
encendiéndose la vida
que preñada de esperanzas
se escapó con tu ausencia.

Un beso sutil y dulce tocó mis labios
llevándome a lugares desconocidos
pude inhalar tu aroma y adorarte sin agravios,
en la dulce ensoñación de un amor escondido.

Oh amor de años febriles, de niñez enamorada cuántas
pasiones hermosas que guardaba para darte, truncadas
quedaron cual sombras al nacer de la alborada con la
certeza que en verdad, yo supe amarte.

Tu Destino

Todo malagradecido
se viste de falsedad
ignora con vanidad
que lo que aquí se hace aquí se paga.

En esta nuestra existencia
todos tienen su verdad,
y la dura realidad
es dormir con limpia Conciencia
atenerse a la consecuencia
de lo que hoy vas creando y no decir con orgullo
"de esta agua no beberé'"

No existe ningún camino
porque este, se hace andando
y el agua que vas ensuciando
puede estar en tu destino.

Lo Que Nunca Diste En Vida

A mi funeral no vengas
a llorar tu hipocresía
ni tus falsas condolencias
amor se demuestra en vida
no con herida conciencia.

La vida acorta cada día
mas el amor nace y crece
nos eleva y da alegría
y por siempre prevalece.

Amor real y verdadero
no se compra con dinero
ni con insinceros deseos
el amor puro y sincero
fluye de la luz del cielo.

A mi funeral no vengas
con tu falsa hipocresía
aparentando ante otros
aquello que no sentías
no me des cuando esté muerta
lo que nunca diste en vida.

Me Estoy Yendo

Hoy es día de las madres
¿no debió ser ayer?
Antier y tras antier, en fin todos los días Soñé que
quizás hoy me venías a querer... tristemente me di
cuenta que tú nunca me querías.

No creas que un solo día tú vendrás a compensar
todas las lágrimas negras que por tu desamor he llorado
no con rosas, bombones ni regalos sacrificados
vas a pagar con creces cómo y cuánto te he amado.

Mi gran regalo sería que me ames con sinceridad
me recuerdes con ternura
perdonando mis errores
merecer de tu respeto, tu cariño y tu bondad
que guardes en tu pecho mis besos como las más lindas
flores.

Ámame como te amo con un amor limpio y puro
acéptame como soy
el amor que yo te di lo he dado con devoción
y eso por Dios te lo juro.

Ámame hoy y mañana, que ya casi me estoy yendo
y me vas a echar de menos cuando ya me haya ido
la oportunidad de apreciarlo mañana la habrás perdido
mas yo desde el cielo aún te seguiré queriendo.

Tímida Poesía

No son míos mis poemas
ni míos mis pensamientos
son inspiración divina
o tal vez hojas que lleva el viento.
Solo vago por las noches con el corazón enhiesta
como fantasma que gime en oscura noche desierta.

Creí haber tenido todo
ser dueña del universo
anduve llevando el mundo por delante cual torbellino
destrozando corazones
anduve largo camino construyendo mi destino
y desparramando verso.

Hoy miro hacia atrás mi vida corrigiendo mis errores
voy pensando en los amores que tuve o pude tener
y mirando de soslayo como se aleja el ayer anhelo
poder volver a un futuro sin temores.

Ya la historia de mi vida, casi se está terminando
es muy poco lo que quiero
feliz lo he tenido todo,
avanzando lentamente ya mi otoño va llegando,

Hoy tan solo deseo cosas aquellas que elevan el alma
servir con amor a la vida y que vuelen mis versos,
con madurez tranquila, esa que trae la calma
desandar viejos caminos en mi último regreso.

Regresar quiero a mi origen en paz, amor y armonía
dejando solo un recuerdo en aquellos a quienes amé
a sabiendas con certeza que pronto regresaré
revestida en el candor de tímida poesía.

En Mi Viaje Final

He caminado por la ruta de la vida
libando de flor en flor cual mariposa
en duras batallas he recibido heridas
escalando montañas y construyendo cosas.

No me puedo quejar ya que en mi largo viaje
he aprendido del vivir lo necesario,
caminar es más fácil con ligero equipaje
dejando atrás en cada paso, decepción hipocresía y agravio.

He disfrutado de la natura y del paraíso,
también momentos de alegría y desventura
más de una vez el amor con su mágico hechizo
me ha logrado llevar al borde de la locura.

Solo lamento en los años que he vivido
ser recipiente de injusticia y de falsía,
el miedo creado por el tiempo perdido
que ha escapado en quimeras y vaga fantasía.

En mi viaje final iré conforme con Dios
por darme la oportunidad de haber vivido
anhelando con devoción sus huellas seguir en pos
agradeciendo el privilegio de haber nacido.

Enigma

You are the unknown
the sunray on the beach
in a sweet spring sunset.

You are
Like the silver lining in the ocean,
when the sun scape in the zenith.

And....I wonder,
how it will be to smell your essence,
the warm feel of your trembling hand,
listening the murmur of your voice,
looking into your eyes,
while enjoying tenderly the shine of your smile.

And...
That's what you are...
an enigma.

Your Face Into My Mind

I travelled thousand miles away,
to find you in a corner paradise...
I saw your face...
with the timidity of an absent smile,
that the coldness of your soul was
trying to hide...

I was still looking for you
trying to reach the impossibility of
a none existing love.
My heart went running with the hope
that a glance into your eyes would
rekindle a fire, lost in the last goodbye.

The search
was an entire waste of time
but the pleasure of seeing you again
was worth the moment, to record
your face into my mind...

Last Goodbye Dad

Today we are here,
and you know why...
we came to give
a last goodbye.
We miss your smile,
your voice, your touch.
You know, we miss you
very, very much.

We look for you,
and you are not here,
but we can sense
that you are very near,
It is not a good bye
or sorrows neither,
because we know
we will see you later.

Remembered always
forget you, never
because one day soon
will be together.

In an eternal Dawn
where there is not sorrow
when it is always today
and never tomorrow.

Notas

Printed in the United States
By Bookmasters